Rhiannon 99p

EMYNAU'R MYNYDD

CW01572518

Emynau'r Mynydd
a Dylanwad Bore Oes

Beryl Davies

Cyflwynedig
i'm gŵr, i'n plant a'r wyrion
ar achlysur dathlu'n Priodas Ruddem
4ydd Ebrill 2010

Arwyddo'r gofrestr yng Nghapel Noddfa
4ydd Ebrill 1970

Cyhoeddwyd yn 2010 gan
Beryl Davies, 4 Hyfrydle, Llanddewi Brefi, Tregaron, Ceredigion SY25 6UT

ISBN 978-0-9566145-0-6

Argraffwyd a rhwymwyd yng Nghymru gan
Wasg Gomer, Llandysul, Ceredigion

Cynnwys

Cyflwyniad

Dewisais yr enw *Emynau'r Mynydd* am mai yng nghanol awyrgylch hyfryd a thawelwch mynyddoedd Llanddewi Brefi y cyfansoddais y rhan fwyaf o'r cynnwys. Hefyd am imi fod yn organydd Capel Soar y Mynydd am chwarter canrif (1973–1998), allan fel dafad tac ar fynyddoedd Llanddewi yn ôl Y Parch Glenfil Jones, gan fy mod ar yr un pryd yn aelod yn Noddfa, Llanbed lle y cefais gyfle o'm plentyndod i fwynhau cymryd rhan mewn gwasanaethau a gweithgareddau'r cysegr.

Un o Gwmann Sir Gaerfyrddin ydwyf, a derbyniais fy addysg yn Ysgol Ram, yn Ysgol Uwchradd Llanbed ac yn Y Coleg Cerdd a Drama a oedd yng nghastell Caerdydd yr adeg honno; lle hefyd yr oedd y gantores Iris Williams yn fyfyrwraig ar yr un pryd. Bûm yn canu'r fiolin yn y gerddorfa mewn cyngherddau gyda chyfansoddwyr fel William Matthias yn bresennol i wrando ar eu cyfansoddiadau yn cael eu perfformio. Gwelais Yehudi Menuhin, Paul Tortelier, Claudio Arrau a pherffomwyr byd enwog eraill yn fyw mewn cyngherddau. Tra yn Ysgol Llanbed roeddwn wedi bod yn aelod o Gerddorfa Ieuenctid Ceredigion.

Pan yng Nghaerdydd roeddwn yn mynychu'r Tabernacl deirgwaith y Sul. Yno yr oedd Owain Arwel Hughes CBE a'i frawd a'i chwaer yn yr Ysgol Sul gyda ni. Pleser oedd canu mewn perfformiad o'r Messiah ar gyfer y Nadolig o dan arweiniad eu tad, yr organydd Arwel Hughes, yn ogystal a gweithiau eraill ar ambell achlysur. Yn ystod y cyfnod hwn hefyd bu imi fynd gyda Chymdeithas Gristnogol y Coleg i wrando ar Billy Graham yn Stadiwm Wembley mewn cynulleidfa o filoedd lawer.

Ond, wedi cwrdd â'r gŵr, Jos Davies a oedd yn ffermio ar gyrion Llanddewi Brefi (un sydd wedi bod yno yn y cefndir ac yn ffyddlon), priodi a dod i fyw i'r pentref hardd yn 1970. Dechrau magu teulu yn 1972. Magwyd tri o feibion, Heddwyn, Heulyn ac Eurfyl.

Fi yw'r ferch â'r sbectol yn y rhes flaen. Ymysg yr oedolion mae Mrs Ethel Jones, athrawes gerdd Ysgol Tregaron; Peter Kingswood, Prifysgol Aberystwyth; Dr Henry Jones, y Cyfarwyddwr Addysg ac Ivor Jones, Ysgol Llanbed. Un o'r plant yw Bethan Miles, Prifysgol Aberystwyth yn ddiweddarach. Mae llun o'r gerddorfa yn 1962 ar gael hefyd – ynddo gwelir Richard Marks, un o feibion yr Athro a Mrs Marks, Llanbed. Cofio amdanom ni'n dau yn mynd o Lanbed i Aberystwyth ar y trên, cyn i Dr Beeching gau'r rheilffordd! Daeth Richard yn fuddugol ar gyfansoddi Cân i Gymru rai blynyddoedd wedyn.

Bûm yn ffodus i allu ymuno â Chôr Madrigal Mair Gwynne Davies, yn y pentref. Rhwng dod 'nol o Gaerdydd a symud i Landdewi roeddwn wedi bod yn canu fel unawdydd gyda Chôr Meibion Cwmann a'r Cylch; ac yn gyfeilydd am gyfnod i lanw bwlch hefyd. Ar yr un pryd roeddwn yn ysgrifennydd Cangen Plaid Cymru Llanbedr Pont Steffan a'r Cylch.

Mae'r plac hwn ar stôl biano a gefais fel rhodd gan Gapel Noddfa ar achlysur ein priodas.

Eisteddfod Gadeiriol Pumsaint 1967 – Canu emyn o dan 60 (allan o nifer)
Tôn: Kilmorey Beirniad: y baswr enwog Richard Rees
Cwpan yn rhoddedig gan Mr a Mrs Ieuan Williams, Abermangoed, Cwrt y Cadno.
(Mae Ieuan i'w glywed yn canu ar dâp o dan y teitl 'Telyn Ac Emyn').
Un o'r cyfleoedd prin hynny gefais i i gystadlu ar lwyfan. Tro arall, oedd pan enillais y wobr gyntaf am ganu cân bop yn Eisteddfod Ffald y Brenin.
Y beirniad oedd Alun Guy.

Cofion melys am fy nhad Tommy Davies yn canu bas yng Nghôr Cwmann. (Mam, May, a fu'n forwyn yn Nolaucothi, eto gartref tra yr oeddem ni ein dau yn crwydro o gwmpas). Pan oedd Côr Cwmann yn cystadlu ym Mhumsaint, manteisiais ar un o'r cyfleoedd prin hynny a gefais i i gystadlu ar lwyfan. Carwn fod wedi cael mynd o steddfod i steddfod pan yn blentyn, ond doedd dim cerbyd gartref ar gyfer teithio ymhellach na Llanbed! Hoffwn hefyd fod wedi cael gwersi piano pan yn blentyn, er y daeth cyfle i ddal i fyny yn ddiweddarach gyda'r piano fel ail stydi offerynnol o dan y tiwtor Zbigniew Grzybowski.

Fy nhad oedd yn codi'r canu yn Noddfa, lle'r oedd, yn ogystal, yn athro Ysgol Sul, diacon ac ysgrifennydd. Bu'n ddylanwad mawr iawn arnaf. Dysgodd sut gymaint i mi yn gyffredinol, gan gynnwys y Sol-ffa. Ef oedd y cyntaf i ddweud wrthyf mai nodau'r bas sydd yn cael eu chwarae ar bedalau organ bib. Roedd yn mynd â mi i Noddfa pan oedd Mr Goss yn adeiladu'r organ yno wedi iddi ddod o gapel Gomer Abertawe. Bu'n rhaid aros i mi dyfu ychydig cyn gallu cyrraedd y pedalau! Cefais foddhad mawr

Côr Cwmann 1969–70
Olifer Williams, sefydlydd ac arweinydd cyntaf y côr, sydd yng nghanol y rhes flaen. Wrth edrych ar y llun, Margaret Lewis, y gyfeilyddes, sydd ar y chwith a fi, yr unawdydd, sydd ar y dde. Fy nhad sy'n sefyll o dan y lamp ar y chwith.

am flynyddoedd wedyn wrth yr organ, ac mae y recordiad o Caniadaeth y Cysegr ddarlledwyd ar Sul Y Pasg 1972 yn un o'r trysorau mwyaf a feddaf. Yn fwy perthnasol, eglurodd fydr ac odl i mi'n ifanc iawn a dechreuais ysgrifennu penillion syml pan yn blentyn. Fel teyrnged iddo rwyf wedi cynnwys Cyfarchiad yr Ysgrifennydd nes ymlaen yn y llyfr. Ysgrifennodd hwn yn 1955 gan nad oedd gweinidog yn Noddfa ar y pryd. Gwelir ef, a minnau hefyd, yn y llun o Gôr Cwmann.

Roedd fy nhad yn gwmnïwr heb ei ail. Pan oedd rhywun yn dweud wrtho ei fod yn ddyn gwybodus – atebai ei fod wedi bod drwy Oxford a Cambridge, gan ychwanegu ar ôl ei syndod, mai mewn lori oedd hynny! Wedi etifeddu'r hiwmor oddi wrth ei dad mae'n siŵr. Fy nhad-cu, Tom Davies, Oaklands, Llangadog yntau yn barod â'i ateb. Rhywrai yn ei holi faint o blant oeddent. Dywedai fod ganddo saith chwaer a bod brawd gyda phob un. 'Wel postman bach,' meddent, 'roeddech yn deulu mawr.' Wrth gwrs ef oedd yr unig frawd! Un o'i chwiorydd, Rachel, oedd mam-gu yr Athro Ddr. Derec Llwyd Morgan. Hoffai fy nhad-cu ail-adrodd fel y cofiai fynd â mi am dro i weld Ysgol Llangadog pan oeddwn yn fach iawn, a minnau'n sefyll ar y ffordd gan bwyntio bys at ddant y llew a dyfynnu'r geiriau 'Hen estron gwyllt o ddant y llew'. Dywedodd y Parch Giraldus Jones, Ffaldybrenin ei fod ef ei hun a 'nhad yn perthyn i'r emynydd a'r porthmon Dafydd Jones o Gaio (er, yn ddiddorol, mai fy mam, sef Rachel Mary Jones oedd yn dod o Bumsaint gerllaw). Hyd yn hyn mae'n anodd cael gafael ar y manylion gan i Dafydd Jones briodi ddwywaith a chael dwy ferch gyda'r wraig gyntaf a phum merch arall gyda'r ail wraig. Wrth reswm mae sawl un ohonynt wedi newid ei chyfenw. Diddorol hefyd yw nodi mai Ann o Landdewi Brefi oedd ei wraig gyntaf. Cafodd Giraldus Jones ei enw am ei fod yn dod o linach Giraldus Cambrensis, sef Gerallt Gymro.

Mae amryw o bobl wedi dweud eu bod yn dyheu am i mi roi'r cyfansoddiadau at ei gilydd, wedi gweld ambell i ddarn o'm gwaith yn *Y Barcud*, yn *Clonc* ac yn *Seren Cymru* – heb anghofio *Y Gigfran Wen* ar y we a gwefan BBC y Canolbarth - a'u clywed ar Ganiadaeth y Cysegr a Radio Ceredigion. Diolch am eiriau hyfryd un wraig a ddywedodd, 'Gobeithio y caf fyw i weld y llyfr.' Ie, a gobeithio hefyd y bydd llawer ohonoch yn mwynhau ei ddarllen a myfyrio ar y cynnwys.

Yn gynnes,
Beryl.

Yr Harmoniwm

Yr harmoniwm hwn oedd yr offeryn cyntaf erioed i gael ei ddefnyddio yng Nghapel Soar y Mynydd. Daeth i'm meddiant pan oeddwn yn bum mlwydd oed. Cyn hynny roedd wedi bod yn cael ei ddefnyddio ar strydoedd Lerpwl gan Y Pentecostiaid. Gresyn na fuasai'n gallu dweud ei hanes! Fe wnaeth brawd yng nghyfraith i'm tad yn Llangadog ei etifeddu, a chan nad oedd diddordeb gan fy ewythr a'i deulu ynddo, daeth yr organ bach i Gwmann mewn lori yr oedd fy nhad yn ei gyrru i Gwmni Gwyn Williams, Llanbed.

Ar yr offeryn hwn ysgrifennodd 'nhad enwau'r nodau Sol-ffa, gan ddechrau gyda'r cyweirnod C a'u newid fel roeddwn yn dysgu canu'r harmoniwm. Bydd y rhai hynny ohonoch sy'n gyfarwydd â'r Sol-ffa yn ystyried bod angen newid lle mae Do, Re a Me yn wahannol i'r Hen Nodiant sydd gyda C, D, E ayyb bob amser yn yr un man. Dyna pam mae rhywun sy'n canu offeryn gan ddefnyddio'r Sol-ffa (sy'n anarferol mae'n debyg) yn gallu codi neu ostwng traw ar gyfer cantorion yn rhwyddach. Fe wnaeth fy nealltwriaeth o'r Sol-ffa ynghyd â'r Hen Nodiant ddysgais ar gyfer lefel 'O' fy ngalluogi nes ymlaen i drosi tonau ac anthemau o un nodiant i'r llall i organyddion eraill. Gwaith deir iawn serch hynny.

Ond deugain namyn un o nodau sydd ar yr harmoniwm – o'r F gwaelod i'r G top. Dyma gyrhaeddiad cyffyrddus y lleisiau. Fe dreuliwyd oriau hapus iawn wrth yr offeryn, yn enwedig pan ddeuai rhaglen cymanfa ganu allan. Roeddwn yn canu soprano neu alto yr un pryd â chanu'r organ, a'm tad yn canu bas. Bu hyn mae'n siŵr yn gymorth nes ymlaen gyda'r cynganeddu wrth gyfansoddi ambell i emyn dôn.

Diolchiadau

Yn gyntaf rwyf am ddiolch i'm meibion am fy nhrwytho mewn technoleg i hwyluso'r gwaith o anfon y deunydd ar yr e-byst. Diolch iddynt yn ogystal am dynnu'r lluniau a'u trosglwyddo i'r cyfrifiadur yn barod i'w hanfon.

Estynnaf fy niolchiadau ymhellach i'r arlunydd Brian Crowdie am gael defnyddio ei ddyfrliw hyfryd o gapel Soar y Mynydd ar glawr y llyfr. Mae'n ddiacon ac organydd yng Nghapel Ainon, Gelliwen.

Carwn ddiolch ar ben hynny i'r gweinidogion, diaconiaid a'r blaenoriaid ddewisodd ddefnyddio nifer o'm hemynau mewn oedfaon gynhaliwyd yn eu capeli, drwy i'r emyn gael ei ddarllen neu ei ganu. Rhaid cydnabod sawl Pwyllgor Eisteddfod fan hyn hefyd am imi gynnwys yr emynau a'r tonau ddaeth yn fuddugol ynddynt hwy.

Diolch yn fawr iawn i Kitty Lloyd Jones am wneud y gwaith deir o brawf ddarllen y proflenni.

Yn olaf mae diolch yn ddyledus i Wasg Gomer am ymgymryd â'r gwaith argraffu.

xv

Tlws yr Emyn

Gwobr Eisteddfod Gadeiriol Maenclochog, 2008

Emynau

PRYDFERTHWCH NATUR

Diolch am y ddawn, O! Arglwydd,
    I ryfeddu at dy waith,
Ac am lygaid iach i sylwi
    A mwynhau golygfa'r daith.

Y mae gweld prydferthwch natur
    Yn ein tynnu atat Ti,
I glodfori a rhoi moliant
    Iti, Dduw – ei hawdur hi.

Holl ysblander hon sy'n taeru,
    Gyda'r cyffro ynddi sydd,
Am ddwy law fu'n ei harlunio –
    Mae yn oriel nos a dydd.

Fe wna'r blodau tlws amryliw,
    Côr y llwyn a'r werddon hardd
Gread Duw, heb ddyn i'w lygru,
    Unwaith eto'n Eden ardd.

Canu'n hapus mae'r aderyn,
    Gwenu'n braf mae'r blodyn cain.
Trwy dy ras perffeithier ninnau
    I gael bod yn hardd, fel rhain.

DATHLU LLWYDDIANT

Ti, Arglwydd deallusrwydd,
  Y Bod deallus mawr,
A greaist trwy dy allu
  Y nef a'r ddaear lawr.

Ti, Arglwydd, roddaist ddoniau
  I'th blant sydd yn y byd,
Boed inni eu defnyddio
  Er gwneud rhyw les o hyd.

O! Arglwydd, derbyn wnaethom
  Dalentau mawr a mân,
A phawb sydd â'i gyfraniad
  I'w wneud, yn ddiwahân.

O! Arglwydd, dathlwn lwyddiant
  Y rhai fu'n ddiwyd iawn.
'Mewn llafur y mae elw,'
  Ond Ti sy'n rhoi y ddawn.

O! Arglwydd, dyro iddynt
  I roi o'u gallu'n rhwydd,
A rhodio'n weddus wnelont
  Yng ngalwedigaeth swydd.

Ti, Bersonoliad Cariad,
  Ein Tad cariadus cu,
I Ti daw'r clod a'r moliant
  Yn awr o'n genau ni.

Cadair Eisteddfod Swyddffynnon, 2006

CANNWYLL OLAU

Yn gannwyll olau mynnwn fod
    Tra is y rhod yn teithio;
Llewyrched fy ngoleuni i
    Yn gry' lle b'wyf yn trigo.

Mewn gair a gweithred gad i mi
    Dy ddangos Di i eraill,
Fel gwelont drwy ddaearol un
    Dy hun fel câr a chyfaill.

Gogoniant rodder it ein Tad
    Drwy'n gwlad fel gynt un amser.
Nid digon bywyd da a glân
    Heb gân i'r Iôr, a phader.

Yn wylaidd boed i mi ymwneud
    A dweud dros waith Dy ddwylo.
Rho nerth i sôn am waed y Groes
    Mewn oes na fynno wrando.

DROS GYFIAWNDER

Dyro, Arglwydd, inni glywed
    Cri y baban sydd heb grud;
Ef yn bod yng nghanol tlodi,
    Eraill mewn palasau drud.

Dyro, Arglwydd, inni glywed
    Llef y plentyn sy'n cael cam
Gan rai treisgar, cas a chreulon,
    Hyd yn oed gan dad a mam.

Dyro, Arglwydd, inni glywed
    Ocheneidiau ddaw o bell,
Lle mae'r rhai ddioddefodd derfysg
    'N disgwyl am y dyddiau gwell.

Dyro, Arglwydd, inni wrando
    Ar y llais ddaw ar ein clyw,
Ddywed wrthym mai trwy gariad
    Yr achubir dynolryw.

Dyro, Arglwydd, inni wneuthur
    Rhyw gyfraniad bach bob un,
I gael lleddfu rhai gofidiau
    Fel gwnaeth Iesu Grist ei hun.

Dyro, Arglwydd, i'n gweddïau
    Gyrraedd atat Ti yn awr –
Ein gweddïau dros gyfiawnder
    I bob un ar ddaear lawr.

HEDDWCH

Dysg in gerdded llwybr heddwch
   Yn ein cartref gam wrth gam.
Bod yn dyner gyda'n teulu,
   Anrhydeddu tad a mam.

Dysg in rodio llwybr heddwch
   Yn ein chwarae, gwaith a dysg,
Bod yn siriol i'n cyfoedion,
   Parchu'r rhai sydd yn ein mysg.

Dysg in ddilyn llwybr heddwch
   Wrth in deithio yn y byd,
Ac i wneud ein gorau beunydd
   I ymledu hedd bob pryd.

Ar ei lwybr 'heded heddwch
   Drwy y gwledydd bob yr un.
Boed i'w ddylanwadau, Arglwydd,
   Ddod â'r bobloedd yn gytûn.

Arglwydd heddwch, cerddaist lwybr
   Aeth bob cam i Galfari.
Yno prynaist drwy dy aberth
   Berffaith hedd i'n henaid ni.

HEDDWCH I'N BYD

O! mor hyfryd yw addoli
   Rhwng mynyddoedd Cymru fach,
Lle mae sôn o hyd am Iesu
   Yn nhawelwch bröydd iach.
     Boed i'r heddwch
   Grwydro 'mhell dros fyd mor drist.

Pe cawn glywed heddiw, Arglwydd,
   Fod gorthrymder yn lleihau
Ym mhellennig diroedd daear,
   Gorfoleddwn yn ddi-drai
     Am fod heddwch
   Ar y tonnau'n hwylio'n braf.

Pan fo siom a dig yn corddi
   Ym meddyliau dynol-ryw,
Dyro ras i buro'r galon
   A'n sancteiddio ni, O! Dduw,
     Fel daw heddwch
   I gydwybod euog rai.

DATHLU CANMLWYDDIANT

(Gellir ei ddefnyddio mewn oedfa arferol drwy newid y llinell gyntaf i
'Drwy'r blynyddoedd buost, Arglwydd').

Drwy y ganrif buost, Arglwydd,
    Yn bresennol yn dy Dŷ;
Clywaist addunedau tawel
    Ein cyndeidiau annwyl ni.
Cofio wnei am lawer gweddi
    Lifodd o'u calonnau gynt
Am yr hyn a wnaethost iddynt;
    Cofiwn ninnau ar ein hynt.

Llafur cariad adeiladodd
    Demlau iti megis hon;
Llawn o ymdrech oedd ein tadau,
    Rhoi o'u heiddo prin yn llon.
Ymddiriedent yn hyderus
    Ynot Ti ar hyd eu hoes,
A'u golygon yn wastadol
    Ar dy Fab fu ar y groes.

Dathlwn oed yr etifeddiaeth
    Heddiw ar yr hyfryd ddydd;
Tyred yma atom ninnau,
    Am dy gwmni disgwyl sydd.
Unwaith eto i galonnau
    Treiddied gwres yr Ysbryd Glân,
I'n hadfywio a'n cynhesu
    Megis cynt i seinio cân.

GŴYL DDEWI

Diolch, Arglwydd, am ein Nawddsant
   Fu'n tramwyo drwy ein gwlad,
Gan bregethu, a chynghori
   Sut i warchod ein hystad.

Diolch, Arglwydd, am ei fywyd
   Dreuliodd beunydd er Dy glod,
Dyna fu ei bennaf amcan
   Tra yn rhodio is y rhod.

Dyro, Arglwydd, inni barchu
   Ein traddodiad hardd a phur,
Cadw'n hiaith a'n crefydd fynnom
   Yn llewyrchus yn ein tir.

SUL Y MAMAU

Emyn wedi ei gomisiynu gan aelodau capel yn Sir Benfro

Tôn: 'Steffan Huw' – Mair Long

Diolch, Arglwydd, am y cariad
Blennaist Ti yng nghalon mam,
Mawr ei gofal drwy yr amser
Rhag i'w phlentyn hi gael cam.

Diolch, Arglwydd, am i'w chariad
Ddysgu llawer iawn i ni –
Sut i fod yn llai hunanol,
Ac yn dirion iawn fel hi.

Diolch, Arglwydd, am ddylanwad
Duwiol fam ar lawer un;
Rhai a ddaeth yn arweinyddion
Yma 'Nghymru fach ei hun.

Diolch, Arglwydd, am Dy Gariad,
Cariad mwy na chariad mam;
Mawr yw d'ofal dithau drosom,
Arwain ni o gam i gam.

SUL Y BLODAU

Gwelwn heddiw, Arglwydd tirion,
Yn Dy Erw lu o roddion.
Lili'r Pasg a daffodiliau
Sydd yn harddu beddau'n tadau.

Deigryn ddaw o waelod calon,
Lle mae sedd i fwyn atgofion;
Rhai'n hiraethu a galaru
Am rai annwyl fu'n eu caru.

Bydd yn agos, Arglwydd graslon,
At yr alltud prudd a'r cleifion,
Rhai sy'n byw ymhell o'u gwreiddiau –
Eraill sydd yn fyr eu camau.

Fel y troedia'r rhai sy'n gaethion
Mewn dychymyg a breuddwydion
I roi blodyn bach fel ninnau,
Fyth mewn cof ar Sul y Blodau.

DY FAB A RODDAIST TI I'R BYD

Dy Fab a roddaist Ti i'r byd
Yn aberth trosom ni i gyd.
Yn wyrthiol dodaist Ef mewn crud,
   Tu hwnt i'n deall ni.

O ganol 'r holl brysurdeb ffôl,
Cyfeiria'n sylw ni yn ôl
At rodd mor werthfawr ddaeth o'th gôl –
   Y Baban Iesu Grist.

Er mwyn uniaethu'i hun â dyn
Fe ddaeth mewn cnawd ac ar ei lun,
Fel gallai farw dros bob un –
   Cymododd ni â'r Tad.

Tangnefedd gaed; fe lawenha
Yr hwn sydd o ewyllys da,
Ac yn ei galon gwybod wna
   I'w Geidwad ddod o'r ne'.

A Gwanwyn mwyn a thyner ddaeth
I'r enaid gwan fu gynt yn gaeth;
Dedwydd a gredo heb weld craith.
   Hosanna, daeth o'i fedd!

YR EFENGYL

Tôn: 'Cwm Pedol' – Elfyn Davies, Ffarmers
(Organydd Bethel Cwm Pedol)

Ein Duw yn Ei fawredd a greodd y byd,
Fe luniodd yn berffaith y cyfan i gyd.
Paradwys y cread oedd Eden i fyw,
Marwolaeth fu cosb anufudd-dod i Dduw.

Doedd bellach ddim gobaith i neb yn y byd,
Y gosb ddaeth trwy Adda i'n rhan ni i gyd.
Ond Iesu ddaeth atom Ei hunan o'r Ne'
I farw ar groesbren Calfaria'n ein lle.

Heb ddydd atgyfodiad Iachawdwr y byd
Fe fyddai ein ffydd ni yn ofer i gyd.
Mae'r Iesu yn fyw; yna byw fyddwn ni
Drwy gredu, heb amau, yng ngwerth Calfari.

CARIAD TADOL

Teimlo wnawn Dy gariad, Arglwydd,
    Am mae'th werthfawr blant ŷm ni.
Â pharchedig ofn dymunwn
    Ufuddhau yn llwyr i Ti.

Dy derfynau sy'n ein gwarchod
    Rhag in fentro yn rhy bell,
Ond o fewn cyffyrddus ffiniau
    Rhyddid gawn a bywyd gwell.

Ac fel Tad, pan fom yn methu,
    Maddau ydwyt Ti o hyd;
Mawr Dy gariad tuag atom,
    Cariad gostiodd Iti'n ddrud.

Anrhydeddwn Dy orchmynion
    Heb eu newid ddim wrth reddf.
'Rwyt yn disgwyl mwy 'ddi wrthym
    Ni sy'n honni cadw'th Ddeddf.

Bydded inni beidio â'th siomi
    Yn lle clwyfo'th galon fawr,
Ac i'n henaid ymhyfrydu
    Gwneud D'ewyllys Di bob awr.

Fel na fydd i ni ddirmygu'th
    Ras na'th Ysbryd tra fom byw,
Ac i gofio Iti ddioddef
    Yn Dy Fab, driunol Dduw.

CYMUNDEB

Tôn: 'Eiddil' – Alan Fewster

Braint oedd derbyn Dy wahoddiad
   I ymgynnull wrth y bwrdd,
Ac i fod yn un o'r cwmni
   Dewisiedig sydd yn cwrdd.

Yma gallaf ymdawelu
   O brysurdeb byd mor drist,
A chael profi'r gwir dangnefedd
   Sy'n dy gwmni, Iesu Grist.

Fe ddarparwyd gwledd o fara
   I'th goffhau anwylaf un,
Ac i ddathlu'th fuddugoliaeth
   Gyda'r sacramentaidd win.

Diolch eto am wahoddiad
   I gael eistedd wrth y bwrdd.
Portha fi a thor fy syched
   Hyd yr awr cawn eto gwrdd.

YR HYFRYD DDIWRNOD

Dyma'r emyn cyntaf i mi ei gyfansoddi – wedi ei addasu ryw gymaint.

Tôn: 'The Carnival Is Over'
neu 'Ffynnonbedr'

Byth mi gofia'r hyfryd ddiwrnod
   Dewis wnes Dy ddilyn Di,
Wedi penderfynu, Arglwydd,
   Mai Tydi yw'r Un i mi.
Rhodio beunydd yn Dy gwmni –
   O! mor llawen fydd pob dydd;
Mentro'r cyfan wnes yn eofn
   Gyda chalon lawn o ffydd.

Cytgan:
Hei! ti gyd-ddyn sydd yn chwilio
   Ymhob man, O! cred fyfi
Nad oes neb drwy'r ddaer na'r nefoedd
   Sydd a'th gâr fel Iesu cu.

Byth mi gofiaf sut y deuthum
   I'th adnabod Dirion Un –
Drwy yr Ysgol Sul, a'r cartref,
   Baentiodd im ohonot lun.
Ond, pan ddaethost Ti i'm calon,
   Dyna'r eiliad ddi-droi'n-ôl
Pryd y gwyddwn byddwn mwyach
   Wastad yn Dy gynnes gôl.

Cytgan:

EMYN CYFOES

Beirniadaeth Robin Gwyndaf (Llanilar, 1992): 'Cynnil a chelfydd a'r mesur yn gweddu i'r llawenydd. Mesur pur newydd'.

Heddiw cofiwn
A diolchwn
Am yr Iesu
Wnaeth ein caru.
Atgyfododd,
Fe orchfygodd.

Heddiw plygwn,
Ac addolwn
Ein Gwaredwr
A'n Hiachawdwr.
Atgyfododd,
Fe orchfygodd.

Heddiw canwn,
Gorfoleddwn
Am gael bywyd
A chael eilfyd.
Atgyfodwn,
Fe orchfygwn.

Yno fyddwn,
Llawenychwn
Gyda'n Harglwydd
Yn dragywydd.
Atgyfodwn,
Fe orchfygwn.

Heddiw cofiwn
A diolchwn
Am yr Iesu
Wnaeth ein caru.
Atgyfododd,
Fe orchfygodd.

AWN ATI

Cyfansoddwyd ar gyfer cystadleuaeth i ysgrifennu'r geiriau a'r dôn yn ogystal a pherfformio'r gwaith. Cyfeiliais i mi fy hun ar yr *auto harp* neu delyn fwrdd. Cofio'r Parch Tecwyn Ifan yn edrych dros fy ysgwydd ar y llwyfan yn Neuadd Victoria, Llanbed.

Doh F

m	mm	mmmr	m	rd
Awn	ati	i chwilfriwio	y	ffiniau
s,	dd	m	fe	s
Sydd	rhyngom	drwy	y	byd.
s	ss	sssf	s	fm
Rhaid	inni	oll gydweithio	o	ddifri
d	rr	l,	t,	d
I'w	chwalu'n	llwyr	i	gyd.

m	mm	mmmr	m	rd
Awn	ati	i ddymchwelyd	y	muriau
s,	dd	m	fe	s
Sy'n	rhannu	dyn-	ol-	ryw.
s	ss	sssf	s	fm
Rhaid	inni	oll falurio	y	cwbwl;
d	rr	l,	t,	d
Rho	nerth i	ni	o	Dduw.

m	mm	mmmr	m	rd
Awn	ati	i wasgaru	ter-	fynau
s,	dd	m	fe	s
Sydd	rhwng pob	lliw	a	llun.
s	ss	sssf	s	fm
Boed	inni	oll gael gweled	ein	gilydd
d	rr	l,	t,	d
Yn	blant i	Ti	bob	un.

Ail genir y ddwy linell olaf.

EMYN I'R BUGAIL

Diolch, Arglwydd, am dy weision
    Fu'n traddodi drwy eu hoes,
Fel bod eraill yn cael clywed
    Am bwysigrwydd gwaed y Groes.
Ger dy fron, down yn llon
I gydnabod rhain o'r bron.

Diolch, Arglwydd, am ymroddiad
    Gweinidogion cryf eu ffydd
Dreuliodd eu bywydau'n gyfan
    I'th ddyrchafu Di bob dydd.
'N ddiwahân seinient gân
Dan ddylanwad 'r Ysbryd Glân.

Dyro, Arglwydd, inni barchu
    Eu cyfraniad gwerthfawr hwy,
Ac i fyw yn debyg iddynt
    Drwy'n bywydau ninnau mwy.
Ti gei glod, Ddwyfol Fod,
Tra bo byd a nef yn bod.

EMYN I BLANT YSGOL

Diolch iti, Arglwydd,
  Am yr ysgol hon,
Dysgu gawn a chwarae
  Oll yn gwmni llon.

Diolch am gael siarad
  Iaith ein hannwyl wlad;
Glân a gweddus fyddo'n
  Hymgom, Sanctaidd Dad.

Diolch am athrawon
  Sy'n ein dysgu ni,
Gwna ni'n ufudd iddynt,
  Ufudd, fel i Ti.

Iesu, bydd yn agos
  Atom ni o hyd;
Arwain ni'n ddiogel
  'Nôl i'n cartref clyd.

UNO'R ENWADAU

Gyda'n gilydd heddiw, Arglwydd,
   Dy foliannu yma wnawn;
Boed i'r gân a ddaw o'r galon
   Fod mewn cytgord hyfryd iawn.

Gyda'n gilydd heddiw, Arglwydd,
   Trown mewn gweddi atat Ti;
Boed i'n geiriau blin ymdoddi
   Ar dy glyw fel melys gri.

Gyda'n gilydd heddiw, Arglwydd,
   Yn dy gwmni cawn yn awr
Glosio'n nes o fewn terfynau
   Ruban aur dy gariad mawr.

CYFLWYNO PLENTYN

Diolchwn am y bychan llon
A welwn yma ger ein bron;
Ffrwyth cariad ei rieni yw,
A rhodd yr Hollalluog Dduw.

Cyflwynwn ef i'w Arglwydd mawr
Wrth gychwyn ar ei daith yn awr.
Cyflwynwyd Iesu gynt gan Mair,
A Duw fendithiodd Grist, y Gair.

O! clyw addewid tad a mam
I'w ymgeleddu rhag pob cam;
Ei feithrin ef ym more oes
A'i ddysgu'n dyner am y Groes.

Dyheuwn bydd ei fyw bob dydd
Yn tystio'n eglur iawn i'w ffydd,
A dylanwadau'r Ysbryd Glân
Yn gwneud ei fywyd oll yn gân.

EMYN BEDYDD LLANBED

(Drwy ganiatâd)

Tôn: 'Y Ffynhonnau', W. Ll. Edwards

Yma heddiw gwnaf broffesu
   Fod im ffydd ym Mrenin Ne'.
Credaf mai Mab Duw yw Iesu
   A fu farw yn fy lle.
Gylch y dŵr mae ffrindiau annwyl
   Fydd yn dystion mwy i mi
Gadw'n ufudd y gorchymyn
   'Credwch a bedyddier chwi'.

Cytgan:
   Brydferth ordinhad y bedydd,
   Tystio mae i rin y gwaed.
   Rhoddodd Iesu imi batrwm,
   Duw yn fodlon ynddo gaed.

Mae fy medydd yn bortread
   O farwolaeth f'Arglwydd gynt,
Fel yr atgyfododd Iesu
   Dechrau 'rwyf ar newydd hynt.
'Rwyf yn lân drwy'r gwaed dywalltwyd,
   Yn fy enaid y mae cân,
Gwres yr Ysbryd a ddaeth arnaf,
   Teimlais nerth y bedydd tân.

Cytgan:

BEDYDD

Estynaist im Dy law,
   Cymeraf hi yn awr.
Paid gollwng D'afael mwy
   Drwy 'mywyd, Geidwad mawr.

I'r daith heb ofni dim
   Yr af yn D'ymyl Di.
Beth bynnag sydd o'm blaen,
   Diogel fyddaf i.

Darlunia'r bedydd hwn
   Yr aberth gym'rodd le,
A'r newid ynof fi
   Wrth gredu ynddo Fe.

Mor llawen fyddaf mwy
   Yng nghysgod Croes yr Iawn,
A chanu wnaf am Hwn
   Drwy'r bore a phrynhawn.

DERBYN AELODAU NEWYDD

Mae llawenydd heddiw, Arglwydd,
   O gael gweld mewn oes mor drist
Ddeiliaid newydd yn ymateb
   I alwadau tyner Crist.
     Diolch iti
   Am ein dwyn i'r gorlan glyd.

Clyw ein haddewidion distaw
   Mor ddifrifol ger Dy fron;
Gyda'th law yn dal ei gafael,
   Rhodio wnawn Dy lwybrau'n llon.
     Rho Dy fendith,
   Bydd yn gwmni ar y daith.

Dyro inni weld ein cyfle
   I'th wasnaethu yn Dy Dŷ,
Ac i gynnig gwneud cymwynas
   Beunydd, yn Dy enw Di.
     Er D'ogoniant
   Fyddo'n bywyd bob yr awr.

OEDFA DEULUOL

Deuwn, Arglwydd, pan yn ifanc,
    Dyfod wnawn ym more oes,
Er mwyn cofio ein Creawdwr
    Cyn del dyddiau blin, a loes.

Deuwn, Arglwydd, fel oedolion,
    Dyfod wnawn yng ngwres y dydd
I foliannu ein Gwaredwr;
    Gweithio wnawn drwy gymorth ffydd.

Deuwn, Arglwydd, gyda'n gilydd,
    Dyfod wnawn yn deulu clyd
I'th glodfori, Dad tirionaf,
    Tad un teulu mawr y byd.

PRIODAS

Mawr fu'r disgwyl ers pan dorrodd
　　Heddiw'r bore'n dyner wawr.
Tyred atom, addfwyn Iesu,
　　Yma ar yr hyfryd awr,
Yn ben westai yn y briodas
　　Sydd rhwng dau o'n ffrindiau cu,
Fel　y gelli selio'r uniad
　　Gyda gwenau'r nefoedd fry.

Yn Dy gwmni, dirion Arglwydd,
　　Boed eu bywyd oll yn gân.
Bydded iddynt barchu'i gilydd
　　Ac i gadw'th ddeddfau glân.
Dyro iddynt rannu'r cyfan –
　　Trist a melys fel y daw,
Ac i fod yn ffrind a chymar
　　Wrth gyd-gerdded law yn llaw.

EMYN GWLADGAROL

Tôn: 'Dyhead', Olwen Richards, Rhydaman

O! na fyddai Cymru'n galw
    Arnat Ti
    Fel y bu
Yn ei thywydd garw.

Ymgeledda'r gweddill ffyddlon;
    Rhain yw'r saint,
    Tystio maent
Heddiw i'w cyfoedion.

Drwyddynt hwy y gweithi'n dawel;
    Yn ein tir
    Cyn bo hir
Chwythed sanctaidd awel.

Cyffwrdd eto ein heneidiau;
    Gyda ffydd
    Hawdd iawn fydd
Dilyn llwybrau'n tadau.

EMYN CENHADOL

'Rydym ni drigolion Cymru
    Wrth ein bodd yn moli Duw
Yn ein hiaith fach ni ein hunain,
    Sydd yn felys iawn i'n clyw.
Gwyddom fod ein Ffrind, yr Iesu,
    Yn ei deall hi bob gair,
Ac yn gwrando'n astud arnom
    Pan weddïom ni yn daer.

Mae yn deall ieithoedd eraill
    Ei rai annwyl yn y byd,
Gan glustfeinio ar ymbiliau
    Pob yr un o'r rhain i gyd.
Ond, mae'n disgwyl am ein cymorth
    Ni sy'n ddedwydd ac yn iach
I ddilladu a rhoi ymborth
    I'r trueiniaid, mawr a bach.

Gyda'n gilydd gallwn weithio
    Yn fwy teyrngar iddo Ef.
Gallwn fod o ddefnydd iddo –
    Ni sy'n byw mewn gwlad a thref.
Mae cymwynas i'w chyflawni
    O'r fan hyn i diroedd pell;
Yn faterol ac ysbrydol,
    Gwnawn eu bywyd yn un gwell.

EMYN AR RAN EIN GWLAD

Arglwydd, ein Harweinydd ffyddlon,
    Beth sy'n digwydd yn ein gwlad?
Ble mae'r teulu cryno, dedwydd?
    Ble mae'r parch at fam a thad?

Ble mae'r wraig, brenhines cartre,
    I'n croesawu wrth y drws?
Ble mae'r fam ofalus dyner?
    Pwy sy'n magu'i phlentyn tlws?

Aeth ein bryd ar flys a thrachwant,
    Denodd rhain ein sylw'n llwyr.
Pwylla Gymru, aros ennyd
    Cyn yr elo yn rhy hwyr.

Ble mae'r Cristion ar ei ddeulin
    Wrthi'n ymbil ar ei Dduw,
Ac yn diolch i'w Waredwr
    Am y fraint o fod yn fyw?

Amlha dy ras yw'n gweddi,
    Llacrwydd lygrodd foesau'n tir;
Arglwydd, ein Harweinydd ffyddlon,
    Gwna hi eto'n Gymru bur.

CYNHAEAF

Diolch, Arglwydd, am y gofal
    Gawsom ni
    Gennyt Ti;
Ti sydd yn ein cynnal.

Ti ddarperaist inni ddigon;
    Diolch wnawn
    Fore a nawn
Am Dy holl fendithion.

Cofiwn heddiw am y tlodion
    Sydd o hyd
    Yn ein byd;
Amlha ein rhoddion

Llwyr ddibynnol fuom beunydd
    Am bob dim:
    Trwy Dy rym
Llwyddodd had y meysydd.

DIOLCH AM FFYDDLONIAID

Er drwy chwalu llawer chwedl
   Siglwyd seiliau ffydd a chred,
Rhyfeddodau newydd beunydd
   Welwn drwy y byd ar led.
Anfon neges gawn mewn chwinciad
   O'r fan hyn i bendraw'r byd.
Cymorth Di ein anghrediniaeth
   Drwy ddatgelu mwy o hyd.

Nertha eto y ffyddloniaid
   Sydd yn dal yn iach eu ffydd,
Gyda gobaith yn eu calon
   Ar eu taith drwy'r byd bob dydd.
Nid 'run rhai yw'r anhawsterau
   Ag a gaed mewn oes o'r blaen,
Ond yr un yw'th gariad, Arglwydd,
   Sydd yn hwb i gario 'mlaen.

SUL Y COFIO

Coffa heddiw am y dewrion
    Aeth i'r gad
    Dros eu gwlad.
Cofio wnawn yn dirion.

Gwrando, Arglwydd, wylo'r mamau;
    Ac ar gri
    Ffrindiau lu,
Hiraeth sy'n eu dagrau.

'Pan fo haul y dydd yn machlud
    A daw gwawr';
    Ar yr awr
Cofiwn, Dad, am funud.

Blodau cochion sydd yn disgyn:
    Dafnau gwaed
    Einioes gaed –
Gollwyd yn y fyddin.

Aberth fu pob ieuanc fywyd.
    Perffaith hedd
    Sy'n y bedd.
Cysgant yn dy wynfyd.

CAU CAPEL NEU EGLWYS

Drwy yr amser buost, Arglwydd,
    Yn bresennol yn dy Dŷ;
Clywaist addunedau tawel
    Ein cyndeidiau annwyl ni.
Cofio wnei am lawer gweddi
    Lifodd o'u calonnau gynt;
Am yr hyn a wnaethost iddynt
    Cofiwn ninnau ar ein hynt.

Llafur cariad adeiladodd
    Demlau iti megis hon;
Llawn o ymdrech oedd ein tadau,
    Rhoi o'u heiddo prin yn llon.
Ymddiriedent yn hyderus
    Ynot Ti ar hyd eu hoes,
A'u golygon yn wastadol
    Ar dy Fab fu ar y groes.

Yn ein dagrau, yn ein gofid,
    Trown yr allwedd yn y clo.
Hiraeth sydd yn llenwi'r galon –
    Dyma fydd yr olaf dro.
Wrth ffarwelio, dyro obaith
    Y daw eto dro ar fyd;
Boed i'r mawl a'r genadwri
    Atsain yn ein clyw o hyd.

EHANGU GORWELION

Dysga ni i garu, Arglwydd,
    D'Achos Di yn fwy na'r man,
Er mor annwyl yw ein capel
    Neu hen eglwys fach y llan.
Rhai o hyd nid ydynt fodlon
    Derbyn gwahaniaethau bach,
Fel y gallom bawb addoli
    Mewn awyrgylch llon ac iach.

Glynu'n dynn wrth hen arferion,
    Sy'n naturiol inni gyd,
Ac wrth draddodiadau gawsom
    Gan gyndeidiau wneir o hyd.
Mae Dy Deulu'n estynedig;
    Cyfrifoldeb arnom sydd
I ofalu am anghenion
    Ei aelodau 'n ôl y dydd.

CREFYDD YMARFEROL

O! mor hawdd a hyfryd ydyw
   Dy foliannu yma'n awr,
A gweddïo dros ein cyd-ddyn
   Sydd mewn angen, Arglwydd mawr.
O! mor rhwydd yw cymdeithasu
   Gyda rhai 'r un fath â ni,
Ac i fod yn rhy gysurus
   Oddi fewn i'th gorlan Di.

Arglwydd, cod gywilydd arnom
   Wrth weld nifer yn y byd
Yn gwneud llawer mwy i helpu
   Na wnawn ni ar aml bryd.
Arglwydd, ni wna rhain gyhoeddi
   Am eu cred mewn geiriau coe',
Ond mae ganddynt gymaint cariad
   Yn eu calon hwy i'w roi.

Dyro inni wneud cymwynas
   Fel mae cyfle'n dod i'n rhan,
Ac i fod yn fwy tosturiol
   Wrth y rhai sy'n dost a gwan.
Dyro inni dynnu'r sbectol
   Sydd â gwydrau lliw i ffwrdd,
Fel y gwelom yn fwy eglur
   Wedi gadael y Tŷ Cwrdd.

ADFERIAD IECHYD

Amryw un ohonom, Arglwydd,
   Fu'n gystuddiol lawer gwaith,
Tithau oeddit agos atom
   I'n cyfnerthu ar y daith.
     Ti glodforwn
   Am 'r adferiad ddaeth i'n rhan.

Diolch 'rydym am ymroddiad
   Gweinyddesau diwyd sydd
Yn gofalu, ac yn lleddfu
   Poen a dolur nos a dydd.
     Ti glodforwn
   Am gael eto fod yn iach.

Arbenigwr mawr yr enaid,
   Claf ein hysbryd oeddem ni,
Ond llawenydd ddaeth i'r galon
   O gyfeiriad Calfari.
     Ti glodforwn
   Am ddarparu Balm i'n clwy.

GWEDDI

Mewn gwaradwydd a chywilydd
   Mentro wnaf i'th wyddfod Di,
Wedi methu unwaith eto
   Ar ôl addo, Arglwydd cu.

O! mor rhwydd yng ngwres gwasanaeth
   Troi tudalen newydd sbon.
Felly, Arglwydd, 'rwyf yn erfyn
   Pery naws yr oedfa hon.

'Rwyf yn dechrau ofni, Arglwydd,
   Nad oes amcan i mi wneud
'Run adduned iti bellach,
   'Rwy'n ei thorri 'nghynt na'i dweud.

Diolch, Arglwydd, am Waredwr
   Ddaeth i'n gwared o'r fath fraw.
Fyth ni allwn fyw i fyny –
   Gwybod 'roeddet ymlaen llaw.

Drwy'r cyfarfod bydd yn agos.
   Teimlo'th bresenoldeb gawn.
Gwrando ar ein gwael weddïau
   A bendithia ni yn llawn.

CAROL Y NADOLIG

Yn nhawelwch heno, Arglwydd,
    Daw'r hen hanes 'nôl i'm cof.
I'th addoli, fel y doethion,
    At y preseb minnau ddof.

Yn nhawelwch heno, Arglwydd,
    Dychwel eto i'r ddaear hon,
I galonnau'r rhai sy'n disgwyl
    Am dangnefedd dan eu bron.

Yn nhawelwch heno, Arglwydd,
    Deisyf ydwyf arnat Ti
I'm hadfywio trwy Dy gariad,
    A thrachefn fy ngeni i.

Yn nhawelwch heno, Arglwydd,
    Llawer un sy'n dal mor drist;
Dyro iddynt Dy lawenydd
    Noswyl geni Iesu Grist.

CYFIEITHIAD O EMYN SAESNEG

(cyfieithiad o emyn F. H. Rowley, 1854–1952
'I will sing the wondrous story.')

Mi a ganaf stori ryfedd
    Am y Crist a'm prynodd i,
Fel gadawodd deyrnas nefoedd
    Am y groes ar Galfari.
Gwnaf, mi ganaf stori ryfedd
    Am y Crist a'm prynodd i,
Canu gyda'r saint mewn gwynfyd,
    Gasglant ger y crisial li.

Bum yn crwydro nes i'r Iesu
    'Nwyn i mewn i'r gorlan glyd.
Cododd fi, a'm tyner arwain
    Eto'n ôl o ffordd y byd.
Beth os llwybrau tristwch gerddaf
    Ac mai dyddiau tywyll ddaw?
Yn ei bresenoldeb fyddaf,
    Yn ddiogel yn ei law.

Fe a'm ceidw nes i'r afon
    Ddod i redeg at fy nhraed.
Yna draw fe'm caria'n ddiogel
    Drwy ei ras a'i werthfawr waed.
Gwnaf, mi ganaf stori ryfedd
    Am y Crist a'm prynodd i,
Canu gyda'r saint mewn gwynfyd
    Gasglant ger y crisial li.

I WILL SING THE WONDROUS STORY

Emyn 923 yn *Caneuon Ffydd*

I will sing the wondrous story
 of the Christ who died for me,
how he left the realms of glory
 for the cross of Calvary.
Yes, I'll sing the wondrous story
 of the Christ who died for me,
sing it with his saints in glory,
 gathered by the crystal sea.

I was lost, but Jesus found me,
 found the sheep that went astray,
raised me up and gently led me
 back into the narrow way.
Days of darkness still may meet me,
 sorrow's paths I oft may tread;
but his presence still is with me,
 by his guiding hand I'm led.

He will keep me till the river
 rolls its waters at my feet:
then he'll bear me safely over,
 made by grace for glory meet.
Yes, I'll sing the wondrous story
 of the Christ who died for me,
sing it with the saints in glory,
 gathered by the crystal sea.

F. H. Rowley, 1854-1952

CYSUR MEWN GALAR

Y ddwy linell olaf yn addasiad o'r geiriau:

'But oh for the touch of a vanished hand,
And the sound of a voice that is still!'

Tennyson 1809–1892

Pan syrth y gwaelod ma's o'n byd
A'r cyfan ôll yn ddu i gyd,
Boed inni wybod dy fod Ti
Bob amser, Arglwydd, gyda ni.

Diolchwn 'nawr am fywyd hardd
Fu'n cyfoethogi'th brydferth ardd.
Y sgwrs, y serch, y wên a'r gân
Gollasom ni o'r aelwyd lân.

Ceir orig dawel yma'n awr
Yng nghwmni'n gilydd, Arglwydd mawr,
Fel gwnai'n cyndeidiau annwyl gynt
I'w nerthu 'mhellach ar eu hynt.

Atgofion fydd ein cysur mwy,
Drwy'r rhain y gwnawn eu parchu hwy.
Cael cyffwrdd llaw ddiflannodd wnawn,
A chlywed llais sy'n fud a gawn.

TONAU I RAI O'R EMYNAU

(yn ôl trefn yr emynau)

'Angharad Mai' – Mandy Williams, Aberteifi i'r emyn Prydferthwch Natur. Buddugol yn Eisteddfod Gadeiriol Maenclochog.

'Glandon' – Gwenda Williams, Pwllglas i'r emyn Cannwyll Olau. Buddugol yn Eisteddfod Gadeiriol Mynytho.

'Steffan Huw' – Mair Long, Caerdydd (Llanbed gynt) ar emyn Sul y Mamau.

'Cwmpedol' – Elfyn Davies, Ffarmers i emyn Yr Efengyl. Buddugol yng Nghymanfa Ganu Llanbed a Caio.

'Eiddil' – Alan Fewster, Llangennech i'r emyn Cymundeb. Buddugol yn Eisteddfod Gadeiriol Llangadog.

'Ffynnonbedr' – Beryl Davies. Gwobr yn Llanbed. Gellir ei ddefnyddio ar yr emyn - Yr Hyfryd Ddiwrnod gyda chytgan.

'Y Ffynhonnau' – W. Llewelyn Edwards, Bow Street i'r emyn Bedydd gyda chytgan. Drwy ganiatâd Eisteddfod Rhys Thomas James (Pantyfedwen), Llanbedr Pont Steffan. Gobrwywyd Mr Edwards gyda £75 (allan o'r canpunt) am y dôn 'Y Ffynhonnau' a Beryl gyda £25 (gweddill y canpunt) am y dôn 'Ffynnonbedr' yn yr un gystadleuaeth. Beirniad - Wyn Thomas, Bangor.

'Dyhead' – Olwen Richards Rhydaman i'r emyn Gwladgarol. Buddugol yn Eisteddfod Gadeiriol Llangadog.

'Soar Y Mynydd' – Beryl Davies. Gellir ei ddefnyddio ar rai o'r emynau pedair llinell (87. 87.)

'Bryn Rhosyn Mai' – Beryl Davies ar y mesur (M.C.D.) (86. 86.)

Rhai tonau cyfarwydd sy'n gorwedd yn esmwyth ar y mwyafrif o'r emynau: Stuttgart, Omni Die, neu Anna ar sawl emyn pedair llinell (87. 87.) e.e. Prydferthwch Natur; Brooklyn i'r emyn Dathlu Llwyddiant; Dominus Regit Me i'r emyn Cannwyll Olau; Edeirnion i'r emyn Heddwch i'n Byd; Tanymarian i'r emyn Dathlu Canmlwyddiant; Tanymarian i'r emyn Diolch am Ffyddloniaid; Leeds i'r emyn Dy Fab a Roddaist; Groeswen i Emyn i'r Bugail; Bemerton i'r Emyn i Blant Ysgol; Whitburn i'r emyn Cyflwyno Plentyn; Bryntirion i'r emyn Derbyn Aelodau Newydd; Blaenwern i'r Emyn Priodas; Sanctus i'r Emyn Cenhadol; Thanet i'r emyn Cynhaeaf; Goppa (2) i emyn Sul y Cofio; Llansannan i'r emyn Cau Capel neu Eglwys; Diniweidrwydd i'r emyn Ehangu Gorwelion; Bryngogarth i'r emyn Crefydd Ymarferol; Disgwyliad i'r emyn Adferiad Iechyd; Llef i'r emyn Cysur Mewn Galar.

Beirniadaeth ar ddwy dôn yn llawysgrifen
T. G. Williams, Llanrwst

Eisteddfod Trevddyn
Cystadleuaeth Cyfansoddi Tôn

Llawenydd. "Bryn Rhosyn Mai"
   Diolch am weld y "Soffâ" yn
cael ei ddefnyddio fel cyfrwng
nodiant – nid yw'n digwydd yn aml
y dyddiau hyn. Da iawn chi
   Mae'r gwaith yn hynod eglur
a deallus.
   Tôn yn y cywair lleddf gafwyd
yma, ac onibai am un gwall bach
o ddyblu'r drydedd mewn cord mwyaf
sef y "m" tua mesur saith (wedi ei
amlinellu'n goch. Maddeuer am hyn).
Mae yma Dôn o wead cynhaliol
boddhaol. a chywir gan ddatblygu
i'r cywair mwyaf tua'r ail ran
yn esmwyth a didramgwyddol.
   Pa le mae'r geiriau? Buasent yn
help i werthfawrogi'r Dôn.
          Da iawn. T. G. Williams.

44

Eisteddfod Treuddyn
Cystadleuaeth Cyfansoddi Tôn

Melianydd.

Dyma ymgais dêg, gyda'i
nodiant yn lân o fewn cyngharwedd
gywir.

Mae diddordeb amlwg cydrhwng
y gwahanol adranau lleisiol,
gan lwyddo i roddi dilyniant
rhwydd a naturiol dros y brawddegu.
Hoffaf yn fawr arddull yr Alaw
yn y môdd y mae'n datblygu,
gan arwain i uchafbwynt effeithiol.
Canmolaf eich gwaith, yn fawr,
ond trueni i chwi anghofio o baib?
gadael i'm wybod ar pa eiriau y
priodasir y Dôn a hwn, gan ford
byn yn hôll bwysig i ddangos
y berthynas cydrhwng y Dôn a'r Emyn.
                Diolch am eich cyfraniad
                    T. J. Williams.

Tair beirniadaeth fel enghreifftiau

Dwy feirniadaeth ar ddau emyn gan y Prifardd Dafydd John Prichard:

''Rwy'n cael yr argraff fod hen law ar waith yn fan hyn.
Mae'r emyn yn llifo'n hwylus, ac mae'r grefft yn gadarn.'

''Rwy'n hoffi'r adeiladu hamddenol, rhythm sicr y llinellau,
a hefyd mae dyn yn cael y syniad ei fod yn cynnwys cadarnach
diwinyddiaeth na nifer o'r emynwyr eraill heb wneud sioe o'r peth.'

Beirniadaeth Catherine Eluned Jones, Bae Colwyn
ar yr emyn 'Prydferthwch Natur'
1af o ddeg ar destun agored

'Emyn wedi mynd ar drywydd hollol wahanol i'r gweddill yn y
gystadleuaeth ac wedi canu mawl i fyd natur ac wedi cyfuno hwnnw
hefo'r Duwdod. Cefais fwy o flas ar hwn, am y rheswm mai yn hwn
mae'r newydd-deb hwnnw yr oeddwn yn chwilio amdano.'

Sonedau

SYLFEINI

(Soned sy'n ddarlun o lawer o addoldai erbyn hyn)

Y lle yr awn yn llaw fy nhad a mam
 Yn llon ac iach bob tro y deuai'r Sul;
Yn ufudd iawn yn mynd o gam i gam,
 Er maith y ffordd a'r llwybyr yntau'n gul.
Mor annwyl imi oedd y capel cain
 Lle cawn i glywed sôn am Fab y Saer.
I'r eglwys hon yr elai nhaid a nain
 I ymbil yno ar eu Duw mor daer.
Ond, bellach 'does 'na neb o'm teulu ddaw
 Yn gwmni gyda mi i seinio cân;
Ac yn fy nghalon drist fe gwyd rhyw fraw –
 Na cheisiant nabod Duw a'i Ysbryd Glân.
Clywch gri'n haddoldai sydd yn wylo 'nawr,
A berw'r byd wrth ddymchwel rhain i'r llawr.

GWANWYN

(Wedi ei seilio ar fy emyn 'Prydferthwch Natur')

Gweld cyffro'r Gwanwyn ar ein taith a wnawn,
   A'i holl ysblander inni'n taeru sydd
Am ddwylo fu'n arlunio'n gelfydd iawn –
   Mae'n oriel ddeil ar agor nos a dydd.
Gwanwynol dlysni'n lledu drwy ein byd
   Utgana fod y ddaear ar ddi-hun;
Mor hapus byncia'r adar bach i gyd
   A gwenu'n braf wna'r blodau teg bob un.
Planhigion tlws amryliw, ŵyn ar lawr,
   Aneirif gôr y llwyn, a'r werddon hardd
Wnant gread Duw, heb ddyn a'i lygredd mawr,
   Fel 'roedd o'r cychwyn cynta'n Eden ardd.
I'n henaid ninnau deued gwanwyn cain
Fel byddo'n bywyd drwyddo'n hardd, fel rhain.

GWARCHOD

Mor hyfryd ydyw cofio Dewi Sant
   Fu'n cerdded yn ddiflino drwy ein gwlad;
Ei adlais glywir heddiw gan ein plant –
   Fel soniodd ef am warchod ein hystad.
Y pethau bychain, gwnewch y rhain, medd ef,
   I gadw'r glendid fu i'r oes a ddaw.
Ei fywyd dreuliodd gyda phethau'r nef,
   A ffrwyth ei lafur welir ar bob llaw.
Ond estron wynt sy'n chwythu 'Nghymru fach
   Yn llawn budreddu o bob math, o'r byd,
All fygwth chwalu'r ffydd a'i ceidw'n iach
   A 'strywo'i hiaith a'i chrefydd oll i gyd.
Rhaid parchu ein traddodiad pur a glân
Ac etifeddiaeth hardd hen Wlad y Gân.

GWREICHION

Cychwyn llawer da a drwg yw gwreichion
  Gynna dân na fydd yn hawdd ei ddiffodd.
Pethau bychain ânt yn bethau mawrion
  Cyn y gwnawn ni sylweddoli rywfodd.
Gwreichionen fach yn llygaid mab a merch
  A ddena'r ddau ynghyd i dorri gair;
Ac arwain wna ymlaen at ddatgan serch
  A dry yn gariad rhyngddynt, sydd mor daer.
Gwreichionen fach i danio sigarét
  Sy'n dechrau blys am oes, a gwario'n hael
Ar drachwant afiach, cyfrwys, gaea'r iet
  Gan ddal yn gaeth yr hwn a fyn ei gael.
Gwahanol odiaeth fyddai'n bywyd ni
Pe'n tanier gan y 'gwreichion oddi fry'.

Y FERCH O DDOLWAR FACH

Arferai ddilyn cwmni ifanc llon,
   I dreulio noson ma's o'i chartref clyd;
Gobeithion merch ddihunai dan ei bron
   Wrth weld ei chyfle allan yn y byd.
Yng ngolau llachar a rhialtwch ffair
   A'i gwaed yn berwi fel âi'r nos ymlaen,
Hanesion glywodd gynt am Faban Mair
   A gilient 'nôl i bellter oes o'r blaen.
Ond, Golau newydd ddaeth i'w bywyd hi
   Ddangosodd iddi arall ffordd o fyw.
A chiliodd gwaharddedig sbort a sbri
   Wrth iddi roi ei bryd yn fwy ar Dduw.
Emynau geidw ffydd y Cymry'n iach
Ddaeth inni drwy y ferch o Ddolwar Fach.

CAPEL SOAR Y MYNYDD

Gapel bach annwyl yng nghesail y mynydd
Lle safodd amser am flynyddoedd yn llonydd.

Ei furiau gwyngalchog fel y tyddynod cain
Fu'n brodio'r mynydd-dir mewn oes o'r blaen.

Yno y clywir Cwm Rhondda'n atseinio
A hen, hen emynau i Blaenwern maent yn pyncio.

A'r olaf o'r Hoelion Wyth sy'n sefydlu ein cred
Gan ein galw at Dduw, a'i freichiau ar led.

Y wreigan garedig mewn het fawr drwsiadus
Ofala am gynefin ei chyndeidiau'n ofalus.

Ac yno'n y pulpud mae cadair hardd
A'r englyn coffa i John, gan Ifor fardd.

A dau o frodyr sydd am filltir yn teithio
Tua Soar, yn eu dillad parch i weddïo.

Y Tonic Sol-ffa ar yr harmoniwm sy'n denu
Capel llawn pererinion i frwd orfoleddu.

Daw oen gan frefu at y drws yn llawn cyffro,
A chofiwn pam y daethom ynghyd unwaith eto.

A phan ddaw y machlud 'does yno ddim golau,
Na dim ar y mur i gyfrif yr oriau –

Yn y capel bach annwyl yng nghesail y mynydd
Lle safodd amser, am flynyddoedd, yn llonydd.

SOAR Y MYNYDD

(Yn Saesneg y cyfansoddais y gerdd, a'i chyfieithu ar gais)

Dyma sylw Lesley o Aberystwyth yn dilyn y gerdd (sydd i'w gweld ar wefan BBC y Canolbarth): 'I visited this beautiful little chapel in October last year. What a lovely tribute.' – Sun, June 3, 2007

Dear little chapel on a hill
Where time for years has just stood still.

White-washed architecture like many a farm,
Which surrounded it long ago with their pretty charm.

There echoes of 'Cwm Rhondda' ring
And ancient hymns to 'Blaenwern' they sing.

An old dramatic preacher stands
Calling us to God with outstretched hands.

A kindly lady in a stylish hat
Cares for her ancestors' habitat.

And in the pulpit a beautiful chair
In memory of John who worshipped there.

Two brothers from a mile away
Come in their Sunday-best to pray.

The Tonic Sol-fa on the harmonium inviting
Packed pews of pilgrims to fervent rejoicing.

A bleating lamb comes to the door
Reminding us of why we're there once more.

There is no light once dusk comes round
And nothing to measure time on the wall is found –

In the dear little chapel on a hill
Where time for years has just, stood, still.

Telyneg

Y MYNYDD

Lle canai ein cyndeidiau
Yn heddwch pur y bryniau,
Y mynydd wnaed yn sanctaidd,
I'r Cymry'n lle nefolaidd.

Mae geiriau yr emynau
A nodau'r emyn-donau
Yn hedfan ar yr awel
Mor swynol ac mor dawel.

Pan fyddwyf yn clustfeinio
Fe'u clywaf hwy'n atseinio.
Mewn atgof ar adenydd
Dont ataf fi o'r mynydd.

Cyfarchion

ELIZABETH HUGHES

Brynambor gynt, a Soar
Cyfarchion Pen-blwydd yn 85 oed ar 2 Gorffennaf, 2008

Ar gyfrwy daethant ac ar droed,
Ffyddloniaid Soar i gadw oed.
O gartrefi llwm y mynydd
I ymuno â'r emynydd.
Canu mawl heb un offeryn;
Plygai meistriaid ar eu deulin.
Hithau'n blentyn yn eu plith
Yn drachtio dafn o'r nefol wlith.

I gyd mewn ceir a bysiau mawr
Mae'r Cymry'n tyrru yno 'nawr.
Man cyfarfod cenedl yw,
Llecyn tawel yng ngwyddfod Duw.
Pobl capel ydynt hwythau,
Pererindod yw eu siwrnai.
Hithau yn eu mysg heneiddia,
Ond addola hyd yr eitha'.

Y PARCH. W. J. GRUFFYDD

Penillion a gyfansoddwyd ar gais aelodau Capel Noddfa Llanbed,
ar gyfer eu darllen mewn te parti i ddathlu pen-blwydd
ein Gweinidog Anrhydeddus, y Parchedig Brifardd W. J. Gruffydd
(Elerydd) yn 90 oed ar 24 Medi 2006 yn y capel ar y diwrnod.
(Cyfeirir ym mhennill naw at hanesyn a geir yn 'Meddylu' W. J. Gruffydd)

Degawd sy'n brin o ganrif
 Ers geni W.J.
Y gŵr wahoddwyd yma
 Am baned bach o de.

A Jane sydd wrth ei ochr
 Fel bu am amser maith,
Brenhines aelwyd gynnes
 A chwmni ar y daith.

Fe dreuliodd ei blentyndod
 Ym mhentref bach Ffair Rhos,
Lle cafodd ysbrydoliaeth
 Fel bardd, mewn bro mor dlos.

Dyn addfwyn ac urddasol
 Wêl bawb pan yn y dref,
A hawdd dynesu ato –
 O gofio pwy yw ef!

Mae'n gyn-Archdderwydd Cymru;
 Anrhydedd fwya'n gwlad
I'r bachgen bach amddifad
 A gollodd fam a thad.

Ei daid a'i nain a'i magodd
    A thlawd fu bore oes,
Ond etifeddodd gyfoeth –
    Cael nabod Gŵr y Groes.

Ni chofiodd am enwadaeth
    Wrth droedio drwy ein tir,
Gan draethu yr efengyl
    O leiaf drwy dair sir.

Dros hanner canrif dreuliodd
    Mewn gyrfa werthfawr iawn –
Yr hon oedd alwedigaeth;
    A'i fywyd oedd yn llawn.

Hen atgof 'nawr yw bore
    'R arholiad yng Nghaerdydd –
Cael paned a bisgedi
    Pan rois y Glas hwy'n rhydd!!

(troi at W.J.)
Petrusais pan ofynnwyd
    Im sgwennu cerdd i chwi,
O gofio'ch dawn aruthrol –
    Pwy druan oeddwn i?!

Weinidog Anrhydeddus,
    Mae'n bleser dweud ar go'dd;
Cofion anwylaf atoch,
    A diwrnod wrth eich bodd.

A heno cewch fyfyrio
    Ar ddydd fu'n olrhain hynt
Sut daeth y bardd Elerydd
    I Fro Dawel o Fwlch y Gwynt.

NESTA GWENFRON HARRIES

Cyfarchion pen-blwydd i aelod gweithgar ym Methel Silian,
ger Llanbed, ac hefyd gyda Senana'r chwiorydd ac Undeb yr enwad.

Pedwar Ugain 14 Mawrth, 2009

Dymunwn ben-blwydd hapus
   I wraig arbennig iawn
Sy'n troi ym myd y pethau
   A byw y bywyd llawn

Mam-gu a Mam anwylaf
   I'w theulu ydyw hi,
Ac 'Anti Nesta' hefyd
   I lawer wyddoch chi!

Mae'n ddiacones ddiwyd
   Ym Methel gyda'r gwaith,
Ac wrth yr organ rhoddodd
   Wasanaeth ar ei thaith

Bedyddwraig adnabyddus
   I'r Cymry ydyw hon,
A llawer araith grefftus
   Draddododd ger eu bron

Dymunwn iechyd iddi,
   Hir oes a hedd bob dydd,
Cans dedwydd ydyw bywyd
   Y rhai sy'n berchen ffydd.

CORON I GWYNNE WHELDON EVANS, PORTHMADOG

Cyfarch y Bardd yn Eisteddfod Rhys Thomas James (Pantyfedwen),
Llanbedr Pont Steffan, 1995

Lluniaist gerdd ar sail hen chwedl,
Sydd yn hawlio sylw'r genedl;
Ac mor hyfryd ydoedd heno
Dy goroni am yr eildro.

Digon syml yw 'nghyfarchion,
Ond fe ddont o waelod calon;
Ac yfory ym Mhorthmadog
Croeso gei gan bob cymydog.

Gyda'r ddawn sydd i ti'n eiddo,
Cawn dy weled yma eto;
A bydd gan dy hoff eisteddfod
Goron arall i ti'n barod.

CERDD AM GYMRU A CHYMREICDOD

(Drwy lygaid yr wyrion)

Ar aelwyd hon ein magu gawn
A pharchu ei thraddodiad wnawn.
Ei hiaith siaradwn ni â'n tad,
A mam sy'n dysgu iaith ein gwlad.
Fe glywsom sôn am Dewi Sant –
Wrth fwyta'n iach, bu fyw dros gant!
Mae'n hyfryd gwisgo'r wisg Gymreig
I ddathlu'r ŵyl mewn ffordd ddeheuig.
Y delyn sy'n gyfeiliant hardd
I ni gael canu cerddi'r Bardd.
Cawn liwio llun o Mistar Urdd
Mewn trilliw, gwyn a choch a gwyrdd.
Ar ysgafn droed y dawnsiwn ni,
Mewn twmpath dawns cawn hwyl a sbri.
Ac yn y capel mae'r sol-ffa
Yn gymorth inni ganu'n dda.
'Cwm Rhondda' glywir dros Gaerdydd.
'Hen Wlad Fy Nhadau' hefyd sydd
Yn stadiwm y mileniwm, mawr,
Yn hwb ymlaen ar gyfyng awr!
Cenhinen, daffodil a draig
Ddangosir gan sawl gŵr a gwraig.
Mewn eisteddfodau mawr a mân
Cawn feithrin dawn mewn cerdd a chân.
Hwyl Noson Lawen, moddion yw
Pan dyr mor felys ar ein clyw.
Cysurus iawn yw'r aelwyd hon,
Ei theulu sydd yn driw eu bron.
A'n hebrwng gawn rhyw ddydd i'r bedd
Yn naear gwlad a gara hedd.

DEWI SANT YN LLANDDEWI

Daeth tyrfa fawr ynghyd un tro
I weled Sant pan ddaeth i'r fro.

'Roedd rhai yn methu gweld y gŵr
A dechreuasant gadw stŵr.

Pregethu yno 'roedd y Sant
Pan redodd ato un o'r plant.

Fe roes i lawr ei hances wen
A gwyrth i waered ddaeth o'r nen.

O dan ei draed fe gododd bryn
A phawb edrychodd arno'n syn!

Saif eglwys landeg ar y twyn
Bu traed yr efengylwr mwyn.

Cerflun hardd o'r gwas geir ynddi.
I'n hatgoffa ninnau heddi.

Nid nepell llifa'r Brefi dlos.
Mae'n teithio'n dawel ddydd a nos.

Hen Graig y Foelallt, hollti wnaeth
Pan frefodd ych yn gryf naw gwaith.

Y pentref gafodd enw'r dyn
Sy'n Nawddsant Cymru fach ei hun.

Llanddewi ddaeth yn enwog iawn
A'i hanes mewn sawl llyfr gawn.

HAF BACH MIHANGEL

Addawodd y Gwanwyn
   Y deuai yr Haf,
Hir ddyddiau llawenydd
   A phopeth yn braf.

Meddyliai y plentyn
   Pan dyfai yn fawr,
Y byddai ei fywyd
   Yn hapus bob awr.

Yr Haf ddaeth eleni
   Ond glawiodd bob dydd,
A thwyll fu yr heulwen
   Mewn Gwanwyn y sydd.

Fe dyfodd y plentyn
   A theimlodd cyn hir
Fod ei fywyd yn faich,
   Llawn gofid a chur.

Haf arall ddaw eto
   Mewn Natur yn ôl,
Heulwen tro yma
   A thes ar y ddôl.

Y llanc sy'n heneiddio
   Yn esmwyth ei fyd,
Ac yntau'n rhy flin
   I fwynhau dim byd.

Ond haf bach Mihangel
   Yr Hydref a ddaeth,
A'i euraidd fendithion
   Cyn gaeaf ei daith.

GWYLIAU YNG NGHILMERI

I Gilmeri oeddwn yn mynd ar fy ngwyliau bob amser, at Anti Lizzie chwaer mam a'i theulu. Roeddent yn byw ond dau led cae o'r gofeb i Lywelyn Ein Llyw Olaf. Âi Ann fy nghyfnither a minnau i ymweld â'r garreg a thynnu lluniau ar ei phwys. Aem hefyd i mewn i gapel bach Cefn y Bedd i chwarae cynnal oedfa – darllen pennod, canu'r offeryn a chanu emyn! Yr un fath yn eglwys fechan Llanganten oedd lawr ar waelod y caeau. Yno hefyd y rhedai'r afon Irfon a nant Chwefri. Roedd y dŵr yn ddigon isel inni allu chwarae'n ddiogel. Roedd modd camu ar y cerrig.

> 'Y nant a welaf fan hyn
> A welodd Llywelyn
> Camodd ar y cerrig hyn'.
> Y Prifardd Gerallt Lloyd Owen

Seisnigedd iawn oedd pentref Cilmeri hyd yn oed yn y pum degau. Rhywfodd fe ddylanwadodd yr atgofion am y lle arnaf ddigon i greu ymwybyddiaeth o genedlaetholdeb.

DIHAREBION

Paid newid y rheolau i gyfiawnhau dy hun.

Cysurus gyda thi dy hun, cysurus drwy'r amser.

Cymhara dy hun gyda rhywun gwell, nid gwaeth.

Paid bod yn ddiwyd yn plesera tra yn ddiog i weithio.

Gwell yw y balch a edmyga eraill na'r diymhongar dynn eraill i lawr.

Emyn yw hwn a ymddangosodd yn rhaglen Cymanfa Ganu Bedyddwyr
Caerfyrddin a Cheredigion yn ystod y pumdegau.
Cenir ar yr alaw '*Oh! For the wings of a dove*'.

Iesu Waredwr, O! gwrando fy nghri,
Mwyn Dywysog ieuenctid wyt Ti.
Gobaith yr ieuanc a'i rym ym mhob oes.
   Moes Dy law, moes Dy law.
Tywys finnau i lwybrau Dy groes.
Pan fo difyr bleserau y byd
Am fy nal, am ysbeilio fy mryd;
   O! Iesu fendigaid, Ceidwad fy enaid –
Cadw fy nhraed ar Dy lwybrau o hyd.
   Gwell yw Dy ddoniau, trech yw Dy eiriau.
Mil gwell Dy gwmni na'r ddaear i gyd.
Iesu Waredwr, fy mywyd wyt Ti.
D'wysog fy ie'nctid, O! gwrando fy nghri.

(Anadnabyddus)

DIWEDDGLO

Gall bywyd tragwyddol heb ofid na phoen
Fod yn eiddo credadun yn haeddiant yr Oen.
A'r dewis yn aros hyd ddiwedd ei oes,
I wrthod neu dderbyn Gwaredwr y Groes.

Ysgrif

AMSER

Ysgrif fuddugol yn Eisteddfod Gadeirol Pumsaint 1989
(gweler hefyd, beirniadaeth yr ysgrif yn Llandyfaelog 2003)

Mae'r llenor hwn wedi cyfansoddi ysgrif athronyddol sy'n ymdrin ag AMSER. Hoffais y dechreuad llawn hiwmor sy'n cyfeirio at y syniad o berthnasedd. Yna mae'n datblygu'r thema yn ddeheuig drwy gyfeirio at emynau a diarhebion. Ceir cymharu craff o'r Gymraeg a'r Saesneg i ddangos y gwahanol agweddau at amser ac mae'n cymharu'r eithafion megis y Beibl a byd masnach. Roedd y diweddglo hefyd yn wych. Fy nheyrnged pennaf i'r llenor hwn yw dymuno y caiff fwy o amser i ysgrifennu.

Garry Nicholas

Gan nad wyf yn wyddonydd na chwaith yn fathemategwr, ni wnaf ond cyfeirio at y pennill a ganlyn:

> An astronaut called Bright
> Could travel faster than light.
>   He set off one day
>   In a relativistic way
> And came back the previous night.

Mewn llyfr cwrs ffiseg y gwelais y darn uchod, ond roedd Isaac Watts ar yr un llinellau - fel yn y cyfieithiad o'i emyn gan J. C. Davies, Dinbych:

> Mil o flynyddoedd iti sydd
> Fel doe pan ddêl i ben.

Wel ydy, mae amser yn hedfan! Ni fedraf barhau i drafod y pwnc mor ddwfn â hyn, felly at sylwadau mwy daearol:

'Bore gan bawb pan godo' yw'r ddihareb, ac yna yr adnod 'Wele, ni frysia yr hwn a gredo'.

Mae amser wedi denu llawer i ddweud rhywbeth amdano ym mhob iaith.

'Time and tide wait for no man.'

'All in good time'.

'Old Father Time'.

'Killing time'.

'Tempus fugit, non autem memoria' – Lladin (time flies, but not memory)

A'r gân 'So much to do if only I had time'.

Un o'r pethau sy'n fy synnu fwyaf yw clywed rhai yn dweud nad ydynt yn gwybod beth i wneud â'i hamser. Pobl, a hyd yn oed plant, yn 'bored'. 'Diflas' yw'r cyfieithiad. Gwyn yw byd y rhai sy'n hoffi cwmni llyfr ac sydd ag awydd darllen arnynt. Gallai hyn ein cadw'n brysur gydol ein hoes. Canu offeryn yn ffordd arall i fwynhau. A does dim angen gadael y tŷ. Trueni bod gofalon a gwaith bob dydd yn llyncu cymaint o'r amser gwerthfawr hwn.

Wrth gwrs, mae 'dim amser' yn cael ei ddefnyddio fel esgus yn aml pan na fydd rhywun am ei dreulio mewn ffordd annymunol iddo.

Medd y Pregethwr, 'Y mae amser i bob peth dan y nefoedd'.

Cofio wedyn yr hyn ddywedodd hen diwtor coleg, Walter Gerhardt, wrth gyd-ddisgybl oedd yn cwyno fod angen mwy o amser i ymarfer ar y ffidil, yng nghanol yr holl astudiaethau eraill. Dyma ddywedodd, 'I could teach a monkey to play given time'! Dyna hefyd yw gwerth arholiad mae'n siŵr, sef beth all rhywun ei wneud yn yr amser sydd wedi ei roddi.

Rheolir popeth a wnawn mewn rhyw ffordd gan 'amser'. O'r funud mae'r larwm yn canu edrychwn ar y cloc yn go aml drwy'r dydd. Dal y bws efallai, cyrraedd yr ysgol neu i'r gwaith, prydau bwyd, rhaglenni radio a theledu, y 'sell by date', a'r dyddiad ar foddion a thabledi. Yn wir, ni fyddai fawr o drefn ar bethau heb gadw at amser.

Gwelodd Keats amser yn rhedeg allan. Fel y dywedodd yn ei soned:

'When I have fears that I may cease to be
Before my pen has glean'd my teeming brain'.

Mae rhai adegau ym mywyd pob yr un ohonom pan ddaw digwyddiadau mawr yn naturiol i'n rhan ni'n bersonol. Meddwl fan hyn am y cymeriad hwnnw yn 'Erw Duw' gan Jennie Eirian Davies. Mae'n sylwi ar bobl yn mynd i'r fynwent i roi blodau ar eu hanwyliaid. Am ei fod yn ifanc mae'n gweld hynny braidd yn ffôl. Ac yna un dydd roedd yntau yn yr un sefyllfa.

'Mi gerddwn yn ysgafn eto
  A throi rhwng dy furiau'n iach,
Oni bai fy mod innau heno
  Yn dyfod a thusw bach'.

Mae amser yn dysgu cymaint inni; yn gwneud inni dyfu, yn ein haeddfedu. Peth rhyfedd hefyd yw oriau hir y gwylad wrth wely'r claf. Ar y llaw arall, mor gyflym yr ehed amser wrth i ni fwynhau ein hunain.

Peidiwn gwastraffu amser, mae'n rhy brin a phob dydd yn fonws. Mae gwrando ar bendil cloc yn gwneud inni ystyried fod pob eiliad yn mynd â ni yn nes at dragwyddoldeb. Does dim amser yno.

CYFARCHIAD YR YSGRIFENNYDD

Annwyl Frodyr a Chwiorydd,

Eleni am y tro cyntaf daeth i'm rhan fel ysgrifennydd yr Eglwys i gyflwyno i chwi ein Adroddiad blynyddol, ac wrth fentro ar y dasg gwn y bydd i chwi gydymddwyn â mi.

Cawsom ein hunain eto heb fugail daearol, ond diolchwn am yr un a bery yn ffyddlon o hyd, a chredwn y gallwn ddiolch fel aelodau o'r eglwys yn Noddfa am y cynnal a'r cadw sydd wedi bod arnom.

Credaf mai teg fyddai nodi am wasanaeth diflino ein cyn-Weinidog a'i briod yn ein plith am wyth mlynedd o amser. Roedd yn wir flin gennym eu colli, eto rhaid cydnabod na fuont yn segur yn ystod eu harhosiad yma.

Mewn cyfnod fel hwn pan mae cymaint prinder o Weinidogion a Myfyrwyr, carem ofyn i'r Eglwys am bob cydymdeimlad ynglŷn â'r gwaith o lanw Suliau. Mae Eglwysi mwy o faint na'r eiddo ni yn ei chael yn anodd. Hyderwn y cawn weld rhywun yn cael ei arwain yn fuan i'n plith, boed i hyn gael lle amlwg yn ein gweddïau.

Diolchwn i bawb a fu'n llanw'r pulpud i ni ar hyd y misoedd hyn. Carem nodi mor bwysig bod yn bresennol yn yr oedfaon ar y Sul, ac y bydd yn help i bwy bynnag fydd yma o Sul i Sul weld yr Eglwys yn gryno; boed i ni gadw hyn mewn cof.

Ni fu y flwyddyn heb ei cholledion; collasom yn yr angau ddau aelod; cyfeiriaf at y ddau frawd John Jones, Llwynderw, a fu farw ym mis Mawrth yn 72 oed, a'r brawd ifanc William Mesach Williams, 22, Ffynnonbedr ym mis Mai, yntau ond yn 49 oed. Cofiwn am y ddau fel rhai a gyfrannodd yn eu fford arbennig hwy at lwyddiant yr achos yn Noddfa ac estynnwn i'r rhai hynny sydd yn galaru ar eu hôl ein cydymdeimlad fel Eglwys. Diddaned yr Arglwydd hwynt.

Blin iawn gennym hefyd am y ffyddloniaid sydd wedi eu caethiwo yn eu cornelau gan afiechyd; gallwn sicrhau y cyfryw ein bod yn gweld eu heisiau, sylwi fod eu seddau yn wag, a sylweddoli colli eu harweiniad a'u gwasanaeth. Danfonwn ein cofion atynt, gan fawr hyderu y cawn eu gweld yn ôl yn ein plith yn fuan iawn.

Ar ddechrau'r flwyddyn hon cyn ymadael o'n bugail, derbyniwyd chwech o aelodau newydd drwy lythyrau ac adferiad. Estynnwn iddynt groeso i'n plith a mawr obeithiwn y cawn o'i gwasanaeth am flynyddoedd.

Gobeithio y cawn yn y dyfodol agos weld Gweinidog newydd arnom, ac y cawn weld arwyddion amlwg fod y Meistr Mawr, sef Iesu Grist, yn cael lle amlwg yn ein bywydau.

Teimlwn yn ddiolchgar i un chwaer a ddymuna fod yn ddienw, am rodd o £70.

Yr eiddoch, gyda chyfarchion yr Efengyl.
T. M. Davies, ysgrifennydd

8, Treherbert,
Cwmann.

Ymddangosodd y cyfarchiad yn Adroddiad Noddfa am y flwyddyn 1955, rhwng ymadawiad Y Parch a Mrs T. Ellis Jones (rhieni Emyr Wynne Jones, a ddaeth yn Gyfarwyddwr Cerdd yn ddiweddarach, ac Arwel), a dyfodiad Y Parch a Mrs W. Geraint Owen a Wiliam i Noddfa, a'i chwaer eglwysi Bethel, Silian a Chaersalem, Parc y Rhos. Bu Mary Wynne yn weithgar iawn, yn enwedig yn yr Ysgol Sul a'r Band of Hope, ac hefyd yn allweddol gyda sefydlu'r Urdd yn Llanbed. Jenny Owen (gynt Aaron) hithau yr un fath, yn gerddorol iawn. Hi a'm hyfforddodd i ganu y geiriau 'Iesu Waredwr' ar yr alaw 'Oh For The Wings Of A Dove'. (Cofio glanio ar y nodyn se yna!) Gresyn na fuasai'r tâp o'r recordiad ar gael ac arno'n ogystal y deuawdau tlws oeddwn yn eu canu gyda Wiliam pan yn blant, sef 'O! Hyfryd Hedd', 'Hwiangerdd Mair', 'Atat Ti, Iesu Da', ac 'Arglwydd Mawr Y Nef A'r Ddaear'.

Diolch i Mrs Nesta Harries, mae yna dâp ar gael o 'nhad yn canu rhai o'i hoff emynau gyda hi, Anti Nesta, wrth y piano.

Wedi hyn daeth cyfnod arall, gyda'r Parch Ddr D. Huw Matthews a'i wraig Verina yn ein cyflwyno ni'r bobl ifanc i ddull mwy modern o addoli. Bu hyn yn symbyliad i gyfansoddi'r emyn 'Yr Hyfryd Ddiwrnod' i'w ganu ar 'The Carnival Is Over', bryd hynny.

GALARNAD GWENNO

Daethpwyd o hyd i'r alarnad hon a'r manylion isod mewn hen ffrâm gyda llun o Ann, sef mam Gwenno. Roedd Ann yn perthyn i fy mam-gu, Mary Anna Davies. Tybed a oes rhagor o waith Gwenno ar gael yn rhywle?

Er cof am fy annwyl fam,
Ann Davies
Annwyl briod Thomas Davies,
Bontgoch, Llangadog
Yr hon a fu farw Mehefin 2il, 1942
Ac a gladdwyd ym mynwent Bethlehem, Llangadog, Mehefin 6ed, 1942

Yn dod i ben mae'r flwyddyn, Mam,
   A chwithau yn eich bedd,
A minnau'n gweld eich eisiau, Mam,
   Mewn llawer dull a gwedd.
Mil gwacach yw'r hen aelwyd, Mam,
   A nhad yn galon drist,
Ond llawnach yw y nefoedd, Mam,
   O seintiau Iesu Grist.

Wrth aros uwch eich beddrod, Mam,
   Dychmygaf weld eich gwên,
A daw atgofion melys im,
   Rhai nid ânt fyth yn hen.
O flaen fy llygaid y maent hwy,
   A theimlaf ambell dro
Naws eich presenoldeb chwi
   Yn ddiddan yn y fro.

Mor anodd oedd ymadael, Mam,
 Mor annwyl oeddech chwi,
Mor llawn o garedigrwydd byw,
 Mor siriol yn y tŷ.
Ni ddaeth cardotyn ar ei hynt,
 Na bonedd mawr ei fri,
Heb gael eich croeso yr un fath,
 Mam, fel'na oeddech chwi.

A llawer cyngor gefais i,
 Rhai dibwys ar y pryd,
Ni feddyliais am ei grym,
 A chwi yma yn y byd.
Ond wrth deithio draws y fro,
 Wedi'ch colli, f'annwyl fam,
Daw pob cyngor doeth yn ôl
 O fy mlaen fel golau fflam.

Golau y'nt i gadw'm traed
 Rhag im wyro lawer gwaith,
Chwithau'n gwenu yn y nef,
 Wrth fy ngwylio'n rhodio'r daith.
Gwn y bydd eich nef yn fwy,
 Ond im ddal yng ngolau'r fflam,
Ac mi fentra'r yrfa'n hŷf,
 Heb im ofni lithro cam.

Hedd i'ch llwch, fy annwyl Fam,
 Yn eich gwely oer ynghudd,
Dim ond dafn bach o'm bron
 Ydyw'r deigryn ar fy ngrudd.
Ond caf weld eich wyneb mwyn,
 Eto heb un poen na chlwy',
Gyda'r Iesu yn y côr,
 Lle ni fydd ymadael mwy.

                              Gwenno

71

Y Tonau

'Angharad Mai' – Mandy Williams
i'r emyn 'Prydferthwch Natur'

Doh G

m : s | d : d   r. m : s. f | f : m   m : r | d : d   r :- .r | m :-

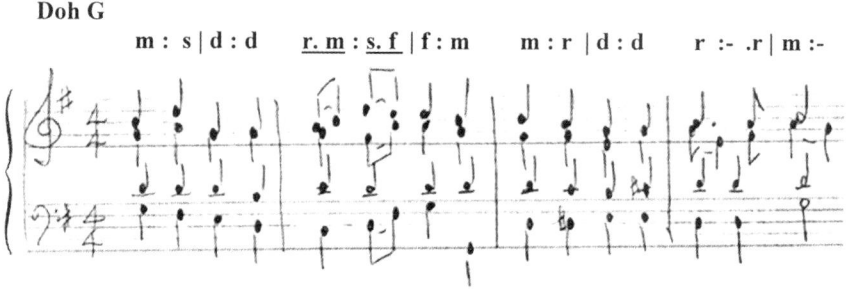

r : l | s : m   r :- .m | s : f   m : r | s :- .m   m : r | d :-

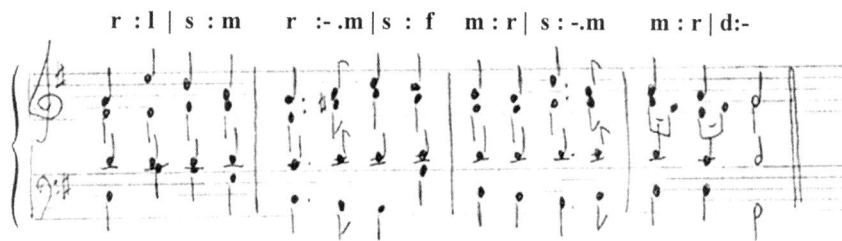

72

'Glandon' – Gwenda Williams, Pwllglas
i'r emyn 'Cannwyll Olau'

'Steffan Huw' – Mair Long, Caerdydd (Llanbed gynt)
i emyn 'Sul y Mamau'

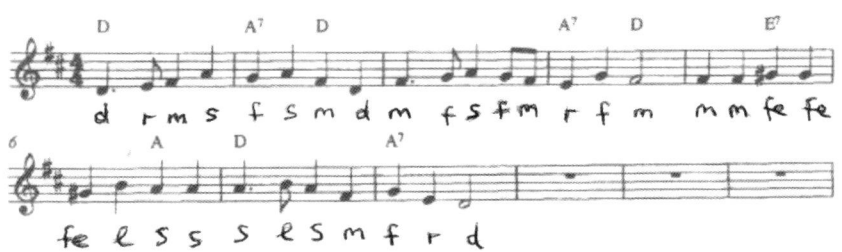

'Soar y Mynydd' – Beryl Davies
Gellir ei defnyddio ar sawl un o'r emynau

Doh F.   Yn dawel a theimladwy.

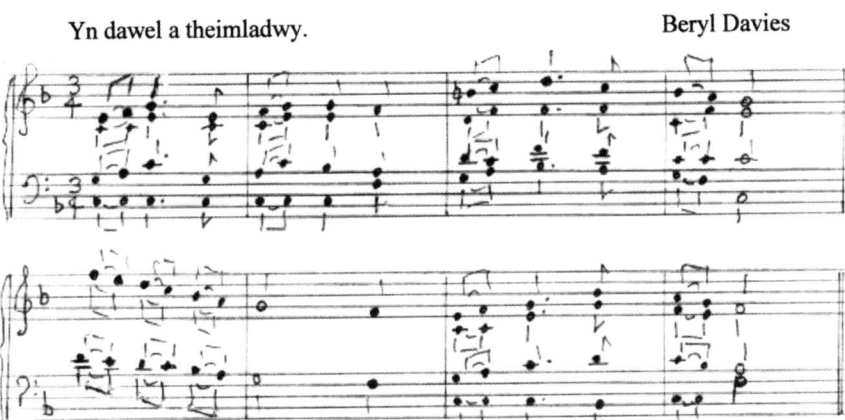

Yn dawel a theimladwy.

Beryl Davies

'Cwm Pedol' – Elfyn Davies, Ffarmers
i emyn 'Yr Efengyl'

'Eiddil' – Alan Fewster, Llangennech
i'r emyn 'Cymundeb'

76

'Ffynnonbedr' – Beryl Davies

Gellir ei defnyddio ar yr emyn 'Yr Hyfryd Ddiwrnod' gyda chytgan

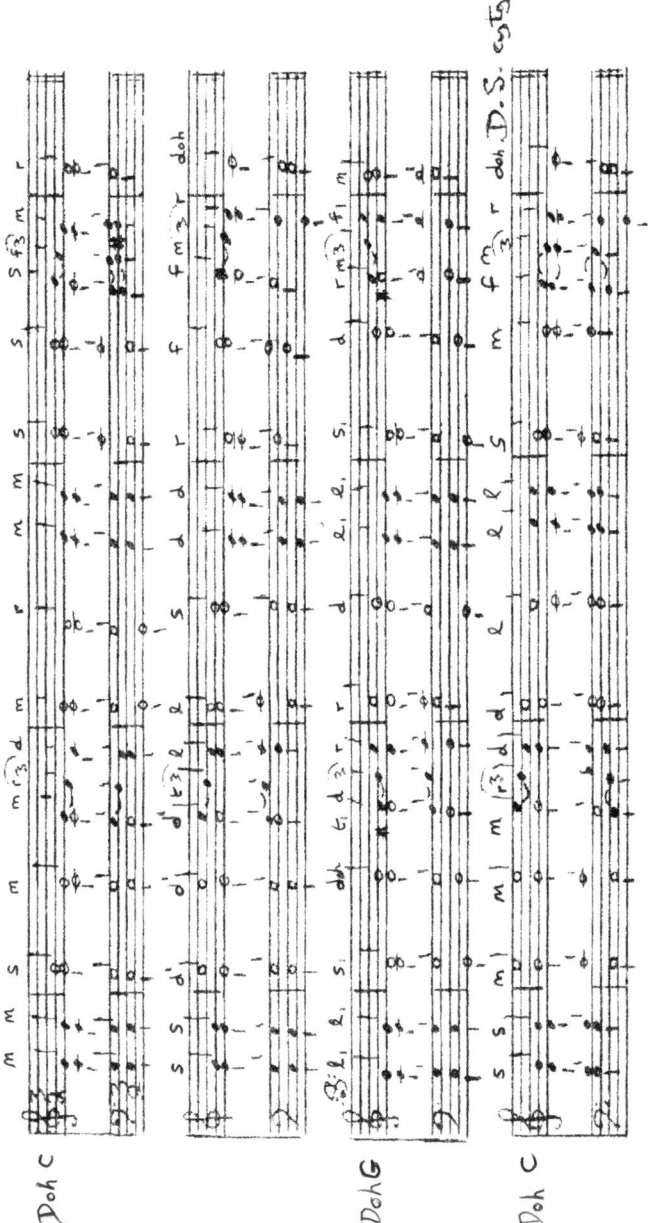

77

'Y Ffynhonnau' – W. Llewelyn Edwards, Bow Street
i'r 'Emyn Bedydd' gyda chytgan

Cytgan.

Brydferth ordinhad y bedydd Tystio mae i rin y gwaed.

Rhoddodd Iesu i-mi batrwm, Duw yn fodlon ynddo gaed.

78

'Dyhead' – Olwen Richards, Rhydaman
i'r emyn 'Gwladgarol'

Doh c.

'Bryn Rhosyn Mai' – Beryl Davies